GRANDES

CITATIONS

INSPIRANTES

Sommaire

L'action

— La meilleure manière de démarrer est d'arrêter de parler et se mettre au travail.

Walt Disney

— Le plus difficile est de se décider à agir, le reste n'est que de la ténacité.

Amelia Earhart

— Il n'y a que deux conduites avec la vie : ou on la rêve ou on l'accomplit.

René Char

— Le secret de l'action, c'est de commencer.

Alain

— La première étape est de dire que tu peux.

Will Smith

— Commencez maintenant, pas demain. Demain est une excuse de perdant.

Andrew Fashion

— Celui qui déplace une montagne commence par déplacer de petites pierres.

Confucius

— Sortir de sa zone de confort, c'est être acteur de sa vie. Y rester, c'est en être spectateur.

Nanan Akassimandou

— J'ai appris il y a longtemps qu'il y a quelque chose de pire que de rater l'objectif, qui est de ne pas passer à l'action.

Mia Hamm

— Les deux jours les plus importants de votre vie sont le jour où vous êtes né et le jour où vous découvrirez pourquoi.

Mark Twain

Apprendre

— Je ne perds jamais. Soit je gagne, soit j'apprends.

Nelson Mandela

— La vie ne consiste pas d'attendre que les orages passent, c'est d'apprendre comment danser sous la pluie.

Sénèque

— Le meilleur investissement que vous puissiez faire est d'investir en vous-même. Plus vous apprenez, plus vous gagnez.

Warren Buffett

— Le plus grand obstacle à la découverte n'est pas l'ignorance, c'est l'illusion de la connaissance.

Michaël Aguilar

— On ne peut rien apprendre aux gens. On peut seulement les aider à découvrir qu'ils possèdent déjà en eux tout ce qui est à apprendre.

Galilée

— Vis comme si tu devais mourir demain. Apprends comme si tu devais vivre toujours.

Mahatma Gandhi

— Pour réussir, il ne suffit pas d'apprendre les ficelles du métier. Il faut apprendre le métier.

Donald Trump

— Vous n'apprenez pas à marcher en suivant les règles, vous apprenez en faisant et en tombant.

Richard Branson

— Il est impossible d'apprendre un métier tout seul. Une bougie s'allume au contact de la flamme d'une autre bougie. Si elle ne s'en approche pas elle restera éteinte.

Sultân Valâd

Argent

— N'estime l'argent ni plus ni moins qu'il ne vaut c'est un bon serviteur et un mauvais maître.

Alexandre Dumas fils

— Les pauvres et la classe moyenne travaillent pour l'argent. Les riches font en sorte que l'argent travaille pour eux.

Robert Kiyosaki

— La règle numéro 1 est de ne jamais perdre d'argent. La règle numéro 2 est de ne jamais oublier la règle numéro 1.

Warren Buffett

— Échangez votre argent pour du temps et non pas l'inverse. Le temps s'épuisera en premier.

Naval Ravikant

— Si l'argent est votre espoir d'indépendance, vous ne l'aurez jamais. La seule vraie sécurité qu'un homme aura dans ce monde est une réserve de connaissances, d'expérience et de capacité.

Henry Ford

— L'argent ne créera pas le succès, c'est la liberté d'en gagner qui le fera.

Nelson Mandela

— Je crois que le pouvoir de gagner de l'argent est un don de Dieu… qui doit être développé et utilisé au mieux de nos capacités pour le bien de l'humanité.

John D. Rockefeller

— Le temps a plus de valeur que l'argent. Vous pouvez obtenir plus d'argent, mais vous ne pouvez pas obtenir plus de temps.

Jim Rohn

Bonheur

— Le bonheur est à ceux qui se suffisent à eux-mêmes.

Aristote

— Le vrai bonheur ne dépend d'aucun être, d'aucun objet extérieur. Il ne dépend que de vous.

Dalaï Lama

— Le bonheur est le seul bien. Le temps d'être heureux est maintenant. Le lieu d'être heureux est ici. La façon d'être heureux est de rendre les autres heureux.

Robert G. Ingersoll

— Les gens devraient poursuivre ce qui les passionne. Cela les rendra plus heureux que n'importe quoi d'autre.

Elon Musk

— Le succès, c'est d'avoir ce que vous voulez. Le bonheur, c'est de vouloir ce que vous avez.

Dale Carnegie

— Le bonheur, c'est de continuer à désirer ce que l'on possède.

Saint-Augustin

— Tous les hommes pensent que le bonheur se trouve au sommet de la montagne alors qu'il réside dans la façon de la gravir.

Confucius

— Le bonheur, c'est lorsque vos actes sont en accord avec vos paroles.

Mahatma Gandhi

— Le bonheur n'est pas chose aisée. Il est très difficile de le trouver en nous. Il est impossible de le trouver ailleurs.

Bouddha

— Être heureux ne signifie pas que tout est parfait. Cela signifie que vous avez décidé de regarder au-delà des imperfections.

Aristote

Business

— Prenez soin de votre client et le business prendra soin de lui-même.

Ray Kroc

— Vous pouvez avoir un excellent produit mais si la communication échoue, c'est comme regarder un comédien faire un sketch dans une langue complètement différente.

Steve Jobs

— Quoi que vous fassiez, soyez différent. Si vous êtes différent, vous vous démarquerez.

Anita Roddick

— Les 5 freins à toute vente : pas de besoin, pas de budget, pas d'urgence, pas d'envie, pas de confiance.

Zig Ziglar

— Il n'y a qu'un patron : le client. Et il peut licencier tout le personnel, depuis le directeur jusqu'à l'employé, tout simplement en allant dépenser son argent ailleurs.

Sam Walton

— La clé du succès consiste à juger des attentes de vos clients, puis pas seulement d'y répondre mais de vous efforcer de les dépasser.

Richard Branson

— Vous devez comprendre ce que veulent vos clients, pas ce qu'ils disent vouloir ou ce que vous pensez qu'ils veulent.

Eric Ries

— Les témoignages réussissent là où les vendeurs échouent.

Jeffrey Gitomer

— Vous pouvez obtenir tout ce que vous désirez dans la vie si vous aidez suffisamment de personnes à obtenir ce qu'elles veulent.

Zig Ziglar

Confiance en soi

— Croyez en vos rêves et ils se réaliseront peut-être. Croyez en vous et ils se réaliseront sûrement.

Martin Luther King

— Une des clés de la confiance en soi est la préparation.

Arthur Ashe

— La seule limite à notre épanouissement de demain sera nos doutes d'aujourd'hui.

Franklin Roosevelt

— La seule personne qui puisse vous dire "vous ne pouvez pas réussir" est vous-même ; et vous n'avez pas à écouter.

Jessica Ennis-Hill

— Lorsque tu sous-estimes ce que tu fais, le monde sous-estimera qui tu es.

Oprah Winfrey

— Crois en toi et tu auras fait la moitié du chemin.

Theodore Roosevelt

— Qui a confiance en soi conduit les autres.

Horace

— C'est la répétition d'affirmations qui mène à la croyance. Et ce que tu crois devient une conviction profonde. Les choses commencent alors à se réaliser.

Mohamed Ali

— Vous ne pouvez pas épuiser votre créativité. Plus vous l'utilisez, plus vous en avez.

Maya Angelou

— Ne laisse jamais quelqu'un te dire : tu n'y arriveras pas.

Vedika Goel

— La jalousie provient d'un manque de confiance non pas envers l'autre, mais envers soi-même.

Eugène Cloutier

— Les personnes qui ont le plus besoin de l'approbation des autres en obtiennent le moins. Les personnes qui en ont le moins besoin en obtiennent le plus.

Wayne Dyer

— C'est l'image que nous avons de nous-mêmes qui fait notre destin.

Nathaniel Branden

— Là où règnent force intérieure et confiance en soi, disparaissent méfiance, peur et doute.

Dalaï Lama

— Des milliers de génies vivent et meurent sans avoir été découverts. Soit par eux-mêmes, soit par les autres.

Mark Twain

— Si vous avez confiance en vous-même, vous inspirerez confiance aux autres.

Johann Wolfgang von Goethe

— Crois en toi-même et en tout ce que tu es. Sache qu'il y a des choses à l'intérieur de toi qui sont plus grandes que n'importe quel obstacle.

Christian Larson

Le courage

— J'ai appris au fil du temps que quand nous sommes fermement résolus, notre peur diminue.

Rosa Parks

— Aucun succès n'est jamais final, un échec n'est jamais fatal. C'est le courage de continuer qui compte.

Winston Churchill

— Ayez le courage de suivre votre coeur et votre intuition. L'un et l'autre savent ce que vous voulez réellement devenir. Le reste est secondaire.

Steve Jobs

— J'ai appris que le courage n'est pas l'absence de peur, mais la capacité de la vaincre.

Nelson Mandela

— Le courage est comme un muscle. On le renforce en le travaillant.

Ruth Gordo

— Si l'objectif prioritaire d'un capitaine était de préserver son navire, il ne le ferait jamais sortir du port.

Saint Thomas d'Aquin

— Tous nos rêves peuvent devenir réalité, encore faut-il avoir le courage de les poursuivre.

Walt Disney

— Surprenez-vous tous les jours avec votre propre courage.

Denholm Elliott

— Le courage est la première des qualités humaines car elle garantit toutes les autres.

Aristote

— Le courage croît en osant et la peur en hésitant.

Proverbe romain

Échec et succès

— La chute n'est pas un échec. L'échec c'est de rester là où on est tombé.

Socrate

— L'échec est seulement l'opportunité de recommencer d'une façon plus intelligente.

Henry Ford

— Vous risquez d'être déçu si vous échouez, mais vous y êtes condamné si vous n'essayez pas.

Beverly Sills

— Si vous fermez la porte à tous les échecs, le succès restera dehors.

Jim Rohn

— Oublie les conséquences de l'échec. L'échec est un passage transitoire qui te prépare pour ton prochain succès

Denis Waitley

— La pire erreur n'est pas dans l'échec mais dans l'incapacité de dominer un échec.

François Mitterrand

— Un échec est un succès si on en retient quelque chose.

Malcolm Forbes

— Accepter l'idée de la défaite, c'est être déjà vaincu.

Général Foch

— L'échec est une option. Si les choses n'échouent pas, vous n'innovez pas assez.

Elon Musk

— Il n'y a pas de réussites faciles ni d'échecs définitifs.

Marcel Proust

— L'échec n'est pas l'opposé du succès, il fait partie du succès.

Arianna Huffington

— Beaucoup d'échecs viennent de personnes qui n'ont pas réalisé à quel point elles étaient proches du succès lorsqu'elles ont abandonné.

Thomas Edison

— Seuls ceux qui prennent le risque d'échouer spectaculairement réussiront brillamment.

Robert F. Kennedy

— L'échec est la mère du succès.

Proverbe chinois

— Construisez votre succès à partir de vos échecs. Le découragement et l'échec sont les étapes les plus sûres pour parvenir au succès.

Dale Carnegie

— Ne vous laissez pas intimider par l'échec. Il suffit d'avoir raison une seule fois.

Drew Houston

— Je n'ai pas échoué. J'ai juste trouvé 10 000 moyens qui ne fonctionnent pas.

Thomas Edison

— L'échec est le fondement de la réussite.

Lao-Tseu

— Le succès est la capacité d'aller d'échec en échec sans perdre son enthousiasme.

Winston Churchill

— Je ne crois pas en l'échec. Il n'y a pas d'échec si l'on prend du plaisir à vivre l'aventure.

Oprah Winfrey

— Agissez comme s'il était impossible d'échouer.

Winston Churchill

— Le plus grand échec est de ne pas avoir le courage d'oser.

Abbé Pierre

— Créez votre propre définition du succès, agissez selon vos propres règles, et construisez la vie dont vous êtes fier.

Anne Sweeney

— Mes erreurs d'hier ont fait mon succès d'aujourd'hui.

Sébastien Forest

— La seule chose qu'on est sûr de ne pas réussir est celle qu'on ne tente pas.

Paul-Emile Victor

— Le succès n'est pas ce que vous avez, mais plutôt qui vous êtes.

Bo Bennett

— Les erreurs sont des pas de géant sur le chemin de la réussite.

Johann Dizant

— L'action est la clé fondamentale de tout succès.

Pablo Picasso

— Le succès est de vous aimer, d'aimer ce que vous faites et d'aimer la façon dont vous le faites.

Maya Angelou

L'effort

— C'est dans l'effort que l'on trouve la satisfaction et non dans la réussite. Un plein effort est une pleine victoire.

Mahatma Gandhi

— Le talent ne suffit pas. A part quelques rares exceptions, les meilleurs joueurs sont les plus gros travailleurs.

Magic Johnson

— Le succès est la somme de petits efforts répétés jour après jour.

Leo Robert Collier

— La vie consiste à déployer des efforts constants pour se perfectionner soi-même.

Yehudi Menuhin

— Les fruits d'efforts importants sont souvent perdus parce qu'un dernier effort n'a pas été fait.

Christian Lovis

— La réussite s'acquiert par l'effort et la confiance en ses propres capacités.

Aminata Sow Fall

— Si les décisions que vous prenez pour investir vos efforts acharnés ne sont pas cohérentes avec la personne que vous souhaitez devenir, vous ne deviendrez jamais cette personne.

Clayton M. Christensen

— Les œuvres importantes résultent plus rarement d'un grand effort que d'une accumulation de petits efforts.

Gustave Le Bon

Espoir

— Là où il n'y a pas d'espoir, nous devons l'inventer.

Albert Camus

— La plupart des choses importantes dans le monde ont été accomplies par des gens qui ont continué d'essayer alors qu'il semblait n'y avoir aucun espoir.

Dale Carnegie

— L'espoir n'est pas une stratégie.

Chris Voss

— Ce qui embellit le désert, c'est qu'il cache un puits quelque part.

Antoine de Saint-Exupéry

— L'optimisme est la foi qui mène à la réussite. Rien ne peut être fait sans espoir et sans confiance.

Helen Keller

— Rien n'est permanent dans ce monde, pas même nos problèmes.

Charlie Chaplin

— Il ne faut pas lier un navire à une seule ancre, ni une vie à un seul espoir.

Epictète

— Je m'endors en pensant comme chaque soir que le plus beau est à venir.

Christian Bobin

— Vivre sans espoir, c'est cesser de vivre.

Fedor Dostoïevski

— On peut aussi bâtir quelque chose de beau avec les pierres qui entravent le chemin.

Johann Wolfgang von Goethe

— Chaque hiver abrite en son cœur un printemps qui frissonne et derrière le voile de chaque nuit se profile une aube souriante.

Khalil Gibran

— L'espoir est un rêve éveillé.

Aristote

L'excellence

— L'excellence ne résulte pas d'une impulsion isolée, mais d'une succession de petits éléments qui sont réunis.

Vincent van Gogh

— Identifiez la chose qui vous intéresse le plus dans la vie. Lancez-vous et n'acceptez que l'excellence. Donnez tout ce que vous avez pour atteindre cet objectif.

Chris Evert

— L'excellence dans un domaine est le début de l'excellence dans tous les domaines.

Robin Sharma

— La perfection n'est pas atteignable, mais si nous courons après elle, nous pouvons attraper l'excellence.

Vince Lombardi

— L'excellence est un art que l'on atteint que par l'exercice constant. Nous sommes ce que nous faisons de manière répétée. L'excellence n'est donc pas une action mais une habitude.

Aristote

— Le génie c'est 1% d'inspiration et 99% de transpiration.

Thomas Edison

— L'excellence, dans quelque domaine que ce soit, exige qu'on s'y consacre entièrement.

Monique Corriveau

— Qui cherche la perfection obtient l'excellence.

Jori Cazilhac

La force

— Que la force me soit donnée de supporter ce qui ne peut être changé et le courage de changer ce qui peut l'être mais aussi la sagesse de distinguer l'un et l'autre.

Marc Aurèle

— Celui qui a vaincu l'autre est fort. Seul celui qui s'est vaincu lui-même est puissant.

Lao-Tseu

— La véritable force est celle que nous exerçons à chaque instant sur nos pensées, nos sentiments, nos actes.

Morikel Ueshiba

— Ce n'est que dans nos heures les plus sombres que nous pouvons découvrir la véritable force de la lumière brillante en nous qui ne peut jamais, jamais être atténuée.

Doe Zantamata

— Tu ne sais pas à quel point tu es fort, jusqu'au jour où être fort est ta seule option.

Bob Marley

— Nous ne pouvons choisir les circonstances extérieures, mais nous pouvons toujours choisir la façon dont nous répondons à celles-ci.

Épictète

— La force ne vient pas des capacités physiques ; elle vient d'une indomptable volonté.

Mahatma Gandhi

Impossible

— L'impossible n'existe que parce que nous n'essayons pas de le rendre possible.

Mike Horn

— Il est bien des choses qui ne paraissent impossibles que tant qu'on ne les a pas tentées.

André Gide

— Ils ne savaient pas que c'était impossible, alors ils l'ont fait.

Mark Twain

— J'aime l'impossible. La concurrence y est moins rude.

Walt Disney

— Tout ce qui paraît au-dessus de tes forces n'est pas forcément impossible ; mais tout ce qui est possible à l'homme ne peut être au-dessus de tes forces.

Marc Aurèle

— Le seul moyen de découvrir les limites du possible est de s'aventurer un peu plus loin dans l'impossible.

Arthur Clarke

— Je recrute des hommes capables d'ignorer la phrase : ce n'est pas possible.

Steve Jobs

— Les gagnants trouvent des moyens, les perdants des excuses.

Franklin Roosevelt

— Cela semble toujours impossible, jusqu'à ce qu'on le fasse. Si vous pouvez le rêver, vous pouvez le faire.

Nelson Mandela

L'intelligence

— L'intelligence, c'est la faculté de s'adapter au changement.

Stephen Hawking

— La plus haute forme d'intelligence humaine est la capacité d'observer sans juger.

Jiddu Krishnamurti

— L'intelligence ? C'est la chose du monde la mieux partagée. La volonté, ça, c'est plus rare.

François Mitterrand

— L'intelligence, ce n'est pas seulement ce que mesurent les tests, c'est aussi ce qui leur échappe.

Edgar Morin

— La vraie intelligence de l'être humain, c'est sa capacité d'adaptation. Les hommes se font à tout, y compris au pire.

Sebastião Salgado

— L'intelligence, ça n'est pas ce que l'on sait mais ce que l'on fait quand on ne sait pas.

Jean Piaget

— Il y a beaucoup plus d'intelligence dans deux cœurs qui essaient de se comprendre que dans deux intelligences qui essaient d'avoir raison.

Thomas d'Ansembourg

— L'homme ordinaire est exigeant avec les autres. L'homme exceptionnel est exigeant avec lui-même.

Marc Aurèle

— L'intelligence fait penser, la croyance fait agir.

Gustave Le Bon

— Savoir écouter, c'est posséder, outre le sien, le cerveau des autres.

Léonard de Vinci

Leadership

— Le leadership est la capacité à traduire votre vision en une réalité.

Warren Bennis

— Il existe trois éléments essentiels du leadership : humilité, clarté et courage.

Fuchan Yuan

— Un vrai leader n'a pas besoin de conduire. Il suffit qu'il montre le chemin.

Henry Miller

— On aide plus un être en lui donnant de lui-même une image favorable qu'en le mettant sans cesse en face de ses défauts.

Albert Camus

— Les gens peuvent douter de ce que vous dites mais ils croiront ce que vous faites.

Lewis Cass

— Ce que vous faites a un impact bien plus grand que ce que vous dites.

Stephen Covey

— Le leadership génère tout l'inverse du suivisme.

Yannick d'Escatha

— Avant d'être un leader, votre succès ne repose que sur vous. Lorsque vous devenez un leader, votre succès ne repose que sur celui des autres.

Jack Welch

— Nous devons être le changement que nous voulons voir dans le monde.

Mahatma Gandhi

— Si vos actions inspirent les autres à rêver davantage, à apprendre davantage, à faire et à devenir davantage, vous êtes un leader.

John Q. Adams

— Le leadership n'est pas une domination mais une contribution et un sacrifice.

Sadhguru

— Aucun homme ne fera un grand leader s'il veut tout faire lui-même ou recevoir tous les honneurs pour le faire.

Andrew Carnegie

— Si vous voulez vous élever, élevez quelqu'un d'autre.

Booker T. Washington

— J'ai commencé avec le postulat que la fonction du leadership est de produire d'autres leaders, pas plus de suiveurs.

Ralph Nader

— Une personne qui fait toujours de son mieux devient un leader naturel, juste par l'exemple.

Joe DiMaggio

— Il n'est pas nécessaire d'occuper un poste pour être un leader.

Henry Ford

— La clé d'un leadership réussi aujourd'hui c'est l'influence, pas l'autorité.

Kenneth Blanchard

Négocier

— Il faut toujours être prêt à négocier mais ne jamais négocier sans être prêt.

Richard Nixon

— La négociation n'est pas un acte de bataille ; c'est un processus de découverte. L'objectif est de découvrir autant d'informations que possible.

Chris Voss

— L'homme a deux oreilles et une seule langue, pour écouter deux fois plus qu'il ne parle.

Zénon de Kition

— Lorsque nous serons forts, nous aurons la certitude de pouvoir négocier.

Jules Ferry

— Ne négociez pas avec vos peurs. Mais n'ayez pas peur de négocier.

John F. Kennedy

— Voici la règle d'or en négociation : mettez-vous à la place des autres pour qu'ils se mettent dans votre peau. C'est le précepte d'une bonne affaire.

Charles Dickens

— En affaires, on n'obtient pas ce qu'on mérite, on obtient ce qu'on négocie.

Chester Karrass

Objectifs

— Fixez-vous des objectifs ambitieux et ne vous arrêtez pas avant de les atteindre.

Bo Jackson

— Un objectif sans plan s'appelle un vœu.

Antoine de Saint-Exupéry

— Le commencement est beaucoup plus que la moitié de l'objectif.

Aristote

— Le plus grand secret de la réussite, c'est de se fixer un but et de ne le perdre jamais de vue.

Christine de Suède

— Tout obstacle renforce la détermination. Celui qui s'est fixé un but n'en change pas.

Léonard de Vinci

— Cette simple chose, choisir un but et s'y tenir, change une vie.

Brian Tracy

— Nous avons tous besoin de nombreux et grands objectifs à long terme pour nous aider à surmonter les obstacles à court terme.

Jim Rohn

— Les objectifs que vous ne définissez pas révèlent les rêves que vous ne faites pas.

Robin Sharma

— Les obstacles sont des choses effrayantes qui apparaissent quand vous perdez de vue vos objectifs.

Henry Ford

— Ne jamais abandonner. Il y a toujours des moments difficiles, peu importe ce que vous faites dans la vie. Soyez capable de traverser ces moments et de maintenir votre objectif ultime.

Nathan Chen

— Ce qui me fait constamment avancer, ce sont mes objectifs.

Mohamed Ali

— Il n'est pas de vent favorable pour celui qui ne sait où il va.

Sénèque

— Avoir foi en votre entreprise et vos objectifs personnels peut faire toute la différence entre réussite et échec. Si vous n'êtes pas fier de ce que vous faites, pourquoi les autres le seraient-ils ?

Richard Branson

— Un rêve écrit avec une date devient un objectif. Un objectif détaillé en étapes devient un plan. Un plan soutenu par des actions transforme vos rêves en réalité.

Greg Reid

— Si votre seul objectif est de devenir riche, vous n'y parviendrez jamais.

John D. Rockefeller

Opportunité

— Si quelqu'un vous donne une belle opportunité mais que vous n'êtes pas qualifié pour, acceptez-la. Vous apprendrez après.

Richard Branson

— Les opportunités ne sont pas offertes. Elles doivent être arrachées. Et cela demande de la persévérance... et du courage.

Indira Gandhi

— Au milieu de toute difficulté se trouve cachée une opportunité.

Albert Einstein

— Sortez des sentiers battus et saisissez les opportunités qui se présentent, où qu'elles se trouvent.

Lakshmi Mittal

— J'ai appris à toujours accepter des choses que je n'avais jamais faites auparavant. La croissance et le confort ne coexistent pas.

Virginia Rometty

— L'opportunité passe sous le nez de la plupart des gens parce qu'elle se pare d'un bleu de travail et qu'elle ressemble à du travail.

Thomas Edison

— Ne pensez pas à l'échec, pensez aux opportunités que vous risquez de manquer si vous n'essayez pas.

Jack Canfield

— Le succès arrive toujours lorsqu'une opportunité rencontre la préparation.

Albert Einstein

— Les opportunités apparaissent le plus souvent sous la forme de malchance ou d'échec temporaire.

Napoleon Hill

Oser

— Il faut oser ou se résigner à tout.

Tite-Live

— Ce n'est pas parce que c'est difficile qu'on n'ose pas le faire, mais parce qu'on n'ose pas le faire que c'est difficile.

Sénèque

— Seuls ceux qui osent s'accordent le droit de réussir.

Jacques Audiberti

— Oser, c'est montrer qu'on existe et qu'on n'a pas peur de l'échec et des critiques négatives.

Mostefa Khellaf

— Quand on ose, on se trompe souvent. Quand on n'ose pas, on se trompe toujours.

Romain Rolland

— Ne va pas là où le chemin peut mener, va plutôt là où il n'y a pas de chemin et laisse une trace.

Ralph W. Emerson

— Rêver grand et oser échouer.

Normand Vaughan

— Oser, c'est perdre pied momentanément. Ne pas oser, c'est se perdre soi-même.

Sören Kierkegaard

— Si vous voulez quelque chose que vous n'avez jamais eu, vous devez faire quelque chose que vous n'avez jamais fait.

Thomas Jefferson

— Deux choses participent de l'avenir : la détermination personnelle et le courage d'oser.

Théophile Houssoudaho

La persévérance

— Notre plus grande faiblesse réside dans l'abandon. La façon la plus sûre de réussir est d'essayer une autre fois.

Thomas Edison

— Patience, persévérance et transpiration forment une combinaison imbattable pour le succès.

Napoleon Hill

— Ne vous découragez pas, c'est souvent la dernière clef du trousseau qui ouvre la porte.

Zig Ziglar

— Si on veut obtenir quelque chose que l'on n'a jamais eu, il faut tenter quelque chose que l'on n'a jamais fait.

Périclès

— Si vous pensez que quelque chose doit exister, ne laissez personne vous dissuader de tenter le coup.

Tobias Lutke

— Confronté à la roche, le ruisseau l'emporte toujours, non pas par la force, mais par la persévérance.

Confucius

— Les grands accomplissements sont réussis non par la force, mais par la persévérance.

Samuel Johnson

— N'abandonnez jamais un rêve sur la base du temps qu'il faudra pour le réaliser. Le temps passera de toute façon.

Earl Nightingale

— Trouvez une bonne idée et ne la lâchez plus. Poursuivez-la et mettez-la en œuvre jusqu'à réussir.

Walt Disney

— Notre persévérance fait de nous ce que nous rêvons d'être.

Euvrard Tristan

— Je suis convaincu que ce qui sépare les entrepreneurs qui ont du succès de ceux qui n'en ont pas est la persévérance.

Steve Jobs

— L'obstination est le chemin de la réussite.

Charlie Chaplin

— Il n'y a qu'une chose qui puisse rendre un rêve impossible, c'est la peur d'échouer.

Paulo Coelho

— L'art commence avec la difficulté.

André Gide

— Rien dans le monde ne pourra remplacer la Persistance. Le talent n'y parviendra pas ; rien n'est plus commun que des hommes talentueux qui ont du mal à réussir. Le génie n'y parviendra pas ; le génie non récompensé est presque un proverbe. L'éducation n'y parviendra pas ; le monde est rempli de fous instruits. Le slogan "Persévère" a résolu et résoudra toujours les problèmes de la race humaine.

Calvin Coolidge

La peur

— Les peurs que nous n'affrontons pas deviennent nos limites.

Robin Sharma

— Si vos rêves ne vous font pas peur, c'est qu'ils ne sont pas assez grands.

Ellen Johnson Sirleaf

— La crainte de perdre ce que l'on a nous empêche d'atteindre ce que l'on est.

Saint-Augustin

— Faites chaque jour quelque chose qui vous fait peur.

Eleonore Roosevelt

— La peur n'empêche pas de mourir, elle empêche de vivre.

Naguib Mahfouz

— Toutes les choses que j'ai faites et qui finalement en valaient la peine sont celles qui m'effrayaient à leur début.

Steve Jobs

— Il y a des moments où il est bon d'écouter sa peur et d'autres où il est plus sage de faire comme si elle n'existait pas.

George Patton

— Nous fuyons devant nos peurs comme le cheval devant son ombre : nous ne pourrons jamais les distancer. Mais en cessant de fuir, nous cessons de les nourrir.

Christophe André

— L'ennemi, c'est la peur. Nous pensons que c'est la haine, mais c'est la peur.

Mahatma Gandhi

— Savoir ce qui doit être fait supprime la peur.

Rosa Parks

— Il est bien plus naturel à la peur de consulter que de décider.

Cardinal de Retz

— Nos doutes sont des traîtres. Et nous privent de ce que nous pourrions souvent gagner parce que nous avons peur d'essayer.

William Shakespeare

— Dans la vie, rien n'est à craindre, tout est à comprendre.

Marie Curie

— Le véritable courage ne vise pas à atténuer la peur, mais à la dépasser.

Chögyam Trungpa

La remise en question

— Quand tout marche bien, il est grand temps d'entreprendre autre chose.

Fernand Deligny

— Acceptez l'idée que si vous ne changez pas de méthode, vous obtiendrez les mêmes résultats, voire de moins bons si vos concurrents font évoluer les leurs.

Jack Welch

— Être insatisfait est une des conditions pour se remettre en question sur tout et tout le temps. Sinon, on s'endort.

Bernard Arnault

— Il est bon de remettre tout en question, chaque jour.

Francis Blanche

— Réfléchissez constamment à la manière dont vous pourriez améliorer les choses et vous remettre en question.

Elon Musk

— Nos clients les plus mécontents sont notre plus grande source de progrès.

Bill Gates

— Vivre, n'est-ce pas toujours se remettre en question ?

Gilles Archambault

— Si vous continuez à faire ce que vous avez toujours fait, vous obtiendrez encore ce que vous avez toujours obtenu.

John Maxwell

— Le premier pas dans la sagesse est de tout remettre en question — et le dernier est d'accepter tout.

Georg Christoph Lichtenberg

— Le pouvoir de questionner est la base de tout progrès humain.

Indira Gandhi

— Si personne ne vous critique, cela signifie que vous ne faites pas grand-chose.

Jack Welch

— L'important est de ne jamais cesser de se remettre en question. Ne perdez jamais une sainte curiosité.

Albert Einstein

— S'amuser est un des ingrédients les plus importants et sous-estimés du succès d'une entreprise. Si vous ne vous amusez pas, c'est qu'il est probablement temps d'arrêter ce que vous faites et d'essayer autre chose.

Richard Branson

— Vous poser systématiquement la question "Pourquoi ?" est le meilleur moyen de débloquer une réflexion à l'arrêt. Utilisez-le à répétition.

__Shigeo Shingo__

Rêver

— Chérissez vos visions et vos rêves car ils sont les enfants de votre âme, les pierres d'assises de vos réalisations ultimes.

Napoleon Hill

— Rêver grand et oser échouer.

Normand Vaughan

— Construisez vos propres rêves, ou quelqu'un d'autre va vous embaucher pour construire le sien.

Farrah Gris

— Tout est possible à qui rêve, ose, travaille et n'abandonne jamais.

Xavier Dolan

— Les rêves ne sont pas ce que tu vois lorsque tu dors. Les rêves sont ces choses qui t'empêchent de dormir.

Avul Abdul Kalam

— Quelqu'un qui ne laisse pas la réalité déranger ses rêves est un sage.

Christiane Singer

— La motivation, c'est quand les rêves enfilent leurs habits de travail.

Benjamin Franklin

— Suis ton rêve. Si tu trébuches, n'arrête pas et ne perds pas de vue ton objectif. Continue vers le sommet, car ce n'est qu'au sommet que tu auras une vue d'ensemble.

Amanda Bradley

— Tu es aujourd'hui là où tes pensées t'ont amené ; tu seras demain là où elles te mèneront.

James Allen

— Aucun rêve ne se réalise si vous ne vous réveillez pas pour aller travailler à sa réalisation.

Maritza Parra

— Fais de ta vie un rêve, et d'un rêve, une réalité.

Antoine de Saint-Exupéry

— Celui qui avance avec confiance dans la direction de ses rêves connaîtra un succès inattendu dans la vie ordinaire.

Nancy H. Kleinbaum

— Notre vie est ce qu'en font nos pensées.

Marc Aurèle

— Nous avons tous des rêves, mais nous ne réussissons pas tous à les réaliser. Je crois savoir pourquoi. J'ai l'intuition que, vous aussi, vous devez le savoir.

Yuval Abramovitz

Le risque

— Celui qui n'a pas d'objectifs ne risque pas de les atteindre.

Sun Tzu

— Si vous ne risquez rien, vous prenez encore plus de risques.

Erica Jong

— Le plus grand risque est de n'en prendre aucun. La seule stratégie qui vous mène à l'échec est celle consistant à ne jamais prendre de risque.

Mark Zuckerberg

— Impose ta chance, serre ton bonheur et va vers ton risque. A te regarder, ils s'habitueront.

René Char

— Les idées audacieuses sont comme les pièces qu'on déplace sur un échiquier : on risque de les perdre mais elles peuvent aussi être l'amorce d'une stratégie gagnante.

Johann Wolfgang von Goethe

— Je savais que si j'échouais, je n'aurais pas de regrets. La seule chose que je pourrais regretter était de ne pas avoir essayé.

Jeff Bezos

— Dans la vie, tout est une affaire de risque. Ce que vous devez apprendre, c'est comment le gérer.

Reid Hoffman

— Si vous passez outre ce sentiment de peur, ce sentiment de prise de risque, des choses vraiment surprenantes peuvent arriver.

Marissa Mayer

— Le risque vient du fait que l'on ne sait pas ce que l'on fait.

Warren Buffett

— Mieux vaut rater sa chance que de ne pas l'avoir tentée.

Proverbe chinois

Spiritualité

— Nous ne sommes pas des êtres humains vivant une expérience spirituelle, nous sommes des êtres spirituels vivant une expérience humaine.

Pierre Teilhard de Chardin

— Travaillez vous-même à votre propre éveil. Ne dépendez pas des autres.

Bouddha

— Nous réalisons que ce que nous accomplissons n'est qu'une goutte dans l'océan. Mais si cette goutte n'existait pas dans l'océan, elle manquerait.

Mère Teresa

— Chaque moment de votre vie est infiniment créatif et l'univers est infiniment riche. Il suffit de formuler une demande suffisamment claire et tout ce que votre cœur désire doit venir à vous.

Mahatma Gandhi

— Notre pratique est de vivre notre vie quotidienne de manière à ce que chaque moment, chaque acte devienne un acte d'amour.

Thich Nhat Hanh

— La religion, c'est de croire en l'expérience de quelqu'un d'autre. La spiritualité, c'est de vivre sa propre expérience.

Deepak Chopra

— Quand le monde entier est silencieux, même une seule voix devient puissante.

Malala Yousafzai

— Celui qui est le maître de lui-même est plus grand que celui qui est le maître du monde.

Bouddha

La volonté

— Là où la volonté est grande, les difficultés diminuent.

Nicolas Machiavel

— En vérité, le chemin importe peu, la volonté d'arriver suffit à tout.

Albert Camus

— Lorsque vous savez ce que vous voulez et que vous le voulez réellement, vous trouverez un moyen de l'obtenir.

Jim Rohn

— La vie est une question de choix, soit on se lève en prenant son destin en main, soit on reste spectateur de la réussite des autres. On ne se contente pas uniquement du minimum, il faut savoir chercher l'excellence.

Christ Kibeloh

— La volonté des hommes contrarie souvent la bonne volonté du destin.

Tristan Bernard

— Les obstacles ne doivent pas vous arrêter. Si vous vous heurtez à un mur, ne vous retournez pas et n'abandonnez pas. Découvrez comment l'escalader, le traverser ou le contourner.

Michael Jordan

— Les batailles qui comptent ne sont pas celles qui sont visibles. Ce sont les luttes à l'intérieur de vous-même — les batailles invisibles et inévitables pour chacun d'entre nous.

Jesse Owens

— Les volontés faibles se traduisent par des discours ; les volontés fortes par des actes.

Gustave Le Bon

— L'homme se découvre quand il se mesure à l'obstacle.

Antoine de Saint-Exupéry

— Quand tout semble être contre vous, souvenez-vous que l'avion décolle face au vent, et non avec lui.

Henry Ford

— La personne qui dit que l'on ne peut pas faire quelque chose ne doit pas interrompre la personne qui le fait.

Proverbe chinois

— Nous pouvons rencontrer de nombreuses défaites, mais nous ne devons pas être vaincus.

Maya Angelou

— Tu es maître de ta vie et qu'importe ta prison, tu as les clefs.

Dalaï Lama

Index des principaux auteurs cités

A

Yuval Abramovitz (né en 1976) acteur, journaliste et auteur israélien.

John Q. Adams (1767 - 1848) homme d'État américain, président des Etats-Unis en 1825.

Michaël Aguilar (né en 1965) conférencier, auteur français, spécialiste des techniques de vente.

Nanan Akassimandou (né en 1975) fondateur ivoirien de Sim-Kool.

Alain (1868 - 1951) philosophe, journaliste et essayiste français.

Mohamed Ali (1942 - 2016) boxeur américain, considéré comme l'un des plus grands.

James Allen (1864 - 1912) philosophe et écrivain britannique, célèbre pour ses poèmes humanistes.

Christophe André (né en 1956) psychiatre et psychothérapeute français.

Maya Angelou (1928 - 2014) écrivaine, actrice et militante américaine. Célèbre pour ses œuvres autobiographiques.

Thomas d'Ansembourg (né en 1957) avocat et psychothérapeute belge. Célèbre pour son livre "Cessez d'être gentil, soyez vrai !"

Saint Thomas d'Aquin (1225 - 1274) dominicain italien, célèbre pour son œuvre philosophique.

Gilles Archambault (né en 1933) romancier et animateur de radio québécois, célèbre pour ses émissions de jazz.

Aristote (384 - 322 av JC) philosophe grec, disciple de Platon et fondateur de la métaphysique.

Bernard Arnault (né en 1949) chef d'entreprise français.

Arthur Ashe (1943 - 1993) champion de tennis américain.

Jacques Audiberti (1899 - 1965) écrivain, dramaturge et poète français.

Marc Aurèle (121 - 180) empereur de Rome, écrivain et philosophe stoïcien.

B

Bo Bennett (né en 1972) homme d'affaires et auteur américain.

Warren Bennis (1925 - 2014) auteur américain, ancien conseiller à la Maison-Blanche, spécialiste en leadership.

Tristan Bernard (1866 - 1947) dramaturge et romancier français.

Jeff Bezos (né en 1964) entrepreneur américain, fondateur d'Amazon.

Kenneth Blanchard (né en 1939) auteur américain, spécialiste en leadership.

Francis Blanche (1921 - 1974) acteur et humoriste français.

Christian Bobin (1951 - 2022) écrivain et poète français.

Bouddha (623 ou 400 av JC) fondateur du bouddhisme.

Nathaniel Branden (1930 - 2014) psychothérapeute et écrivain américain célèbre pour ses travaux sur l'estime de soi.

Richard Branson (né en 1950) entrepreneur britannique, fondateur du groupe Virgin.

Warren Buffett (né en 1930) homme d'affaires américain, considéré comme l'un des meilleurs investisseurs en bourse.

C

Albert Camus (1913 - 1960) journaliste, écrivain français, prix Nobel de littérature en 1957.

Jack Canfield (né en 1944) conférencier américain, et auteur de livres sur la motivation et le succès.

Andrew Carnegie (1835 - 1919) industriel américain.

Dale Carnegie (1888 - 1955) auteur et conférencier américain.

Lewis Cass (1782 - 1866) homme d'État américain.

Charlie Chaplin (1889 - 1977) acteur, réalisateur, producteur britannique.

René Char (1907 - 1988) poète et résistant français.

Nathan Chen (né en 1999) patineur artistique américain.

Deepak Chopra (né en 1946) médecin et conférencier indo-américain.

Clayton M. Christensen (1952 - 2020) universitaire et consultant américain.

Winston Churchill (1874 - 1965) homme d'État et écrivain britannique, Premier ministre en 1940 et 1951.

Arthur Clarke (1917 - 2008) écrivain et inventeur britannique, célèbre pour ses romans précurseurs de science-fiction.

Eugène Cloutier (1921 - 1975) écrivain québécois.

Paulo Coelho (né en 1947) romancier et journaliste brésilien.

Confucius (551 - 479 av JC) philosophe chinois ayant donné naissance au confucianisme (doctrine politique et sociale).

Calvin Coolidge (1872 - 1933) avocat et homme d'État américain, président des Etats-Unis en 1923.

Monique Corriveau (1927 - 1976) écrivaine québécoise.

Stephen Covey (1932 - 2012) auteur, homme d'affaires et conférencier américain.

Marie Curie (1867 - 1934) physicienne et chimiste d'origine polonaise, célèbre pour ses travaux sur la radioactivité et ses deux prix Nobel.

D

Dalaï Lama (né en 1935) chef spirituel du Tibet.

Fernand Deligny (1913 - 1996) éducateur, écrivain et réalisateur français.

Charles Dickens (1812 - 1870) romancier britannique, considéré comme le plus grand de son époque.

Joe DiMaggio (1914 - 1999) champion de baseball américain.

Walt Disney (1901 - 1966) animateur, scénariste et producteur américain.

Johann Dizant (né en 1977) écrivain français.

Xavier Dolan (né en 1989) réalisateur et producteur canadien.

Fedor Dostoïevski (1821 - 1881) écrivain russe, considéré comme l'un des plus grands romanciers russes.

Alexandre Dumas fils (1824 - 1895) romancier et dramaturge français.

Wayne Dyer (1940 - 2015) auteur et conférencier américain.

E

Amelia Earhart (1897 - 1937) aviatrice américaine. Elle a été la première femme à traverser l'Atlantique en avion, en 1928.

Thomas Edison (1847 - 1931) inventeur et industriel américain. Célèbre pour ses inventions comme l'ampoule électrique, en 1879.

Albert Einstein (1879 - 1955) physicien d'origine allemande, célèbre pour ses théories de la relativité.

Denholm Elliott (1922 - 1992) acteur britannique, célèbre pour avoir joué le rôle de Marcus Brody dans les films d'Indiana Jones.

Ralph W. Emerson (1803 - 1882) philosophe et poète américain.

Jessica Ennis-Hill (née en 1986) athlète d'origine jamaïcaine, championne du monde d'eptathlon à plusieurs reprises.

Épictète (50 - 125) philosophe grec de l'école stoïcienne.

Yannick d'Escatha (né en 1948) scientifique et gestionnaire industriel français.

Chris Evert (née en 1954) joueuse de tennis américaine.

F

Jules Ferry (1832 - 1893) homme d'État français.

Général Foch (1851 - 1929) officier français, célèbre pour ses victoires lors de la Grande guerre.

Malcolm Forbes (1919 - 1990) entrepreneur américain, fondateur du magazine éponyme.

Henry Ford (1863 - 1947) industriel américain, fondateur de la célèbre marque automobile.

Sébastien Forest (né en 1973) entrepreneur français, fondateur d'Alloresto.

Benjamin Franklin (1706 - 1790) écrivain et homme politique américain.

G

Galilée (1564 - 1642) mathématicien, physicien et astronome italien.

Indira Gandhi (1917 - 1984) femme d'État indienne, Premier ministre en 1966.

Mahatma Gandhi (1869 - 1948) avocat et dirigeant politique indien, célèbre pour son combat en faveur de l'indépendance de l'Inde.

Bill Gates (né en 1955) informaticien et entrepreneur américain, cofondateur de Microsoft.

Khalil Gibran (1883 - 1931) poète et peintre libanais.

André Gide (1869 - 1951) écrivain français, prix Nobel de littérature en 1947.

Jeffrey Gitomer (né en 1946) auteur et entrepreneur américain, célèbre pour ses livres sur la vente.

Johann Wolfgang von Goethe (1749 - 1832) écrivain, poète, scientifique et homme d'État allemand.

Vincent van Gogh (1853 - 1890) artiste peintre néerlandais.

Ruth Gordo (1896 - 1985) actrice et scénariste américaine.

H

Mia Hamm (née en 1972) joueuse de football américaine.

Thich Nhat Hanh (1926 - 2022) moine bouddhiste et écrivain vietnamien, est l'auteur de nombreux ouvrages sur la méditation.

Stephen Hawking (1942 - 2018) physicien et cosmologiste britannique, spécialiste reconnu des trous noirs.

Napoleon Hill (1883 - 1970) journaliste et écrivain américain.

Reid Hoffman (né en 1967) homme d'affaires américain.

Horace (65 - 8 av JC) poète latin.

Mike Horn (né en 1966) aventurier sud-africain.

Drew Houston (né en 1983) informaticien et entrepreneur américain.

Arianna Huffington (née en 1950) éditorialiste gréco-américaine. Cofondatrice du site The Huffington Post, en 2005.

I

Robert G. Ingersoll (1833 - 1899) homme politique américain.

J

Bo Jackson (né en 1962) joueur de baseball et de football américain.

Thomas Jefferson (1743 - 1826) homme d'État américain, rédacteur de la Déclaration d'indépendance des États-Unis en 1776.

Steve Jobs (1955 - 2011) entrepreneur américain, cofondateur d'Apple en 1976.

Magic Johnson (né en 1959) joueur de basketball américain.

Samuel Johnson (1709 - 1784) poète, essayiste et éditeur britannique.

Ellen Johnson Sirleaf (née en 1938) femme d'État libérienne, présidente en 2006.

Erica Jong (née en 1942) écrivain américain.

Michael Jordan (né en 1963) joueur de basketball américain.

K

Avul Abdul Kalam (1931 - 2015) homme d'État indien, président de l'Inde en 2002.

Chester Karrass (né en 1923) auteur américain, connu pour ses ouvrages portant sur la négociation.

Helen Keller (1880 - 1968) militante politique américaine.

John F. Kennedy (1917 - 1963) homme d'État américain, président des États-Unis en 1961.

Robert F. Kennedy (1925 - 1968) homme politique américain.

Christ Kibeloh (né en 1995) écrivain congolais.

Martin Luther King (1929 - 1968) pasteur et militant américain.

Zénon de Kition (v. 334 - 262 av JC) philosophe grec, fondateur du stoïcisme.

Robert Kiyosaki (né en 1947) entrepreneur américain.

Sören Kierkegaard (1813 - 1855) philosophe, écrivain et poète danois.

Nancy H. Kleinbaum (née en 1948) journaliste américaine.

Jiddu Krishnamurti (1895 - 1986) penseur indien.

Ray Kroc (1902 - 1984) homme d'affaires américain, considéré comme le fondateur de McDonald's.

L

Lao-Tseu (v. 590 - 531 av JC) sage chinois, considéré comme le fondateur du taoïsme.

Christian Larson (1874 - 1954) enseignant et auteur américain.

Gustave Le Bon (1841 - 1931) médecin et psychologue français.

Georg Christoph Lichtenberg (1742 - 1799) philosophe allemand.

Vince Lombardi (1913 - 1970) entraîneur de football américain.

Christian Lovis (né en 1978) professeur et chercheur suisse.

Tobias Lutke (né en 1981) entrepreneur canadien, fondateur de Shopify.

M

Nicolas Machiavel (1469 - 1527) homme politique et écrivain florentin.

Naguib Mahfouz (1911 - 2006) écrivain égyptien.

Nelson Mandela (1918 - 2013) homme d'État sud-africain, prix Nobel de la paix en 1993 et président de l'Afrique du Sud en 1994.

Bob Marley (1945 - 1981) chanteur et musicien jamaïcain ayant connu un succès mondial.

John Maxwell (né en 1947) auteur et conférencier américain.

Marissa Mayer (née en 1975) informaticienne et chef d'entreprise américaine.

Yehudi Menuhin (1916 - 1999) violoniste britannique.

Henry Miller (1891 - 1980) romancier et essayiste américain.

Lakshmi Mittal (né en 1950) homme d'affaires indien.

François Mitterrand (1916 - 1996) homme d'État français, président en 1981.

Edgar Morin (né en 1921) sociologue français.

Elon Musk (né en 1971) entrepreneur américain, cofondateur de SpaceX.

N

Ralph Nader (né en 1934) avocat et homme politique américain.

Earl Nightingale (1921 - 1989) animateur de radio américain.

Richard Nixon (1913 - 1994) homme d'État américain, président des États-Unis en 1969.

O

Jesse Owens (1913 - 1980) athlète américain, célèbre pour ses quatre médailles d'or aux jeux olympiques de 1936.

P

Rosa Parks (1913 - 2005) américaine, symbole de la lutte contre la ségrégation raciale aux États-Unis.

George Patton (1885 - 1945) militaire américain, célèbre pour ses victoires lors de la seconde guerre mondiale.

Périclès (v. 495 - 429 av JC) stratège et orateur athénien.

Jean Piaget (1896 - 1980) psychologue et épistémologue suisse.

Pablo Picasso (1881 - 1973) artiste peintre espagnol.

Abbé Pierre (1912 - 2007) prêtre français, ancien résistant et député en 1946, fondateur du mouvement Emmaüs.

Marcel Proust (1871 - 1922) écrivain français.

R

Naval Ravikant (né en 1974) entrepreneur indo-américain.

Cardinal de Retz (1613 - 1679) homme d'État et écrivain français.

Greg Reid (né en 1990) joueur de football américain.

Eric Ries (né en 1978) entrepreneur américain.

John D. Rockefeller (1839 - 1937) industriel américain.

Anita Roddick (1942 - 2007) femme d'affaires britannique.

Jim Rohn (1930 - 2009) entrepreneur, auteur et conférencier américain.

Romain Rolland (1866 - 1944) écrivain français, prix Nobel de littérature en 1915.

Virginia Rometty (née en 1957) chef d'entreprise américain.

Eleonore Roosevelt (1884 - 1962) diplomate et militante américaine.

Franklin Roosevelt (1882 - 1945) homme d'État américain, président des États-Unis en 1933.

S

Sadhguru (né en 1957) mystique indien.

Saint-Augustin (354 - 430) philosophe et théologien romain.

Antoine de Saint-Exupéry (1900 - 1944) aviateur et écrivain français.

Sebastião Salgado (né en 1944) photographe franco-brésilien.

Albert Schweitzer (1875 - 1965) médecin, pasteur et philosophe alsacien.

Sénèque (v. 4 av JC - 65 ap JC) homme d'État et philosophe romain.

William Shakespeare (1564 - 1616) dramaturge et poète anglais.

Robin Sharma (né en 1964) avocat et auteur canadien.

Shigeo Shingo (1909 - 1990) ingénieur japonais.

Beverly Sills (1929 - 2007) soprano américaine.

Christiane Singer (1943 - 2007) écrivain français.

Will Smith (né en 1968) acteur et producteur américain.

Socrate (Ve siècle av JC) philosophe grec et maître de Platon, considéré comme le père de la philosophie morale.

Aminata Sow Fall (née en 1941) romancière sénégalaise.

Christine de Suède (1626 - 1689) reine de Suède en 1632.

Anne Sweeney (née en 1957) femme d'affaires américaine.

T

Pierre Teilhard de Chardin (1881 - 1955) prêtre, paléontologue et philosophe français.

Mère Teresa (1910 - 1997) religieuse catholique d'origine albanaise, prix Nobel de la paix en 1979.

Tite-Live (v. 60 av JC - 17) historien de la Rome antique.

Brian Tracy (né en 1944) homme d'affaires américain.

Donald Trump (né en 1946) homme d'affaires et homme d'État américain, président des États-Unis en 2017.

Chögyam Trungpa (1939 - 1987) maître du bouddhisme tibétain.

Mark Twain (1835 - 1910) écrivain et essayiste américain.

Sun Tzu (VIe siècle) officier chinois, auteur du célèbre livre L'art de la guerre.

U

Morikel Ueshiba (1883 - 1969) fondateur de l'aïkido.

V

Sultân Valâd (1226 - 1312) philosophe et poète perse.

Normand Vaughan (1905 - 2005) explorateur américain.

Paul-Emile Victor (1907 - 1995) explorateur, scientifique et écrivain français.

Léonard de Vinci (1452 - 1519) peintre, inventeur, écrivain italien. Connu comme l'un des plus grands artistes de la Renaissance aux facettes multiples.

Chris Voss (né en 1957) ancien négociateur du FBI, entrepreneur et auteur américain.

W

Denis Waitley (né en 1933) auteur et conférencier américain.

Sam Walton (1918 - 1992) homme d'affaires américain, fondateur de Walmart.

Booker T. Washington (1856 - 1915) enseignant et écrivain américain.

Jack Welch (1935 - 2020) homme d'affaires américain.

Oprah Winfrey (née en 1954) animatrice et productrice de télévision américaine.

Y

Malala Yousafzai (née en 1997) militante pakistanaise du droit des femmes.

Z

Zig Ziglar (1926 - 2012) auteur et conférencier américain, spécialisé dans la vente.

Mark Zuckerberg (né en 1984) informaticien et entrepreneur américain, cofondateur de Facebook en 2004.

Printed in France by Amazon
Brétigny-sur-Orge, FR